AF306170

MARS

MIL HUIT CENT QUINZE,

PAR M. WILLEMIN DE WALLIER.

A PARIS,

Chez DELAUNAY, Libraire, Palais-Royal, galerie de Bois ;
Et chez les Marchands de Nouveautés.

1815.

MARS MIL HUIT CENT QUINZE.

Le vrai peut quelquefois n'être pas vraisemblable,

disait Boileau : c'est ce qu'on dira un jour en parlant du siècle où nous vivons. Ce qui se passe sous nos yeux est, en effet, tellement au-dessus des conceptions humaines, qu'il est permis de douter si la postérité ne refusera pas d'y ajouter foi.

Chaque jour ajoute à notre étonnement ; il semble que les prodiges qui se succèdent enfantent de nouveaux prodiges qui les effacent ; mais, il faut en convenir aussi, tout cela tient à un seul homme : il suffit, pour s'en convaincre, de considérer qu'en quittant la France pour se rendre au lieu qu'il choisit pour son exil, Napoléon laissa dans sa patrie les institutions par lesquelles il l'avait élevée au premier rang des nations, les généraux qu'il avait formés depuis vingt ans, et cette armée fidèle que la trahison réussit à désorganiser, mais que jamais l'étranger n'osa se flatter d'avoir vaincue ; nous conservions tout, excepté son génie.

Qu'a-t-on fait de toutes ces ressources ? Comment a-t-on cicatrisé les plaies causées par l'invasion de tant de peuples conjurés contre nous? Comment avons-nous été traités par la maison de Bourbon pendant ce règne d'un moment? Comment la dignité nationale a-t-elle été soutenue au Congrès?

Je n'entreprendrai pas de résoudre des questions aussi importantes, c'est à l'histoire qu'elles appartiennent; mais un coup d'œil rapide jeté sur ce qui s'est passé depuis une année, pourra servir à expliquer ce qui se passe aujourd'hui.

Un événement qu'aucune prudence humaine ne pouvait prévenir, la défection de nos alliés, ouvrit les portes de la France à l'ennemi; il s'y précipita, il l'inonda comme un torrent dévastateur. Les Français ne perdirent point courage; l'honneur restait, et le nom seul de Napoléon valait des armées.

Bientôt ces hordes farouches eussent trouvé leur tombeau dans cette terre sacrée qu'elles avaient osé profaner; déjà l'insurrection s'organisait derrière elles; les plus sages dispositions étaient faites pour les diviser et les vaincre en détail : c'est ce que fit l'Empereur sur tous les points où il se trouva en personne, à Montmirail, à Montereau, à Rheims, où les chefs

de la coalition faillirent, dit-on, de tomber
entre ses mains, et en mille autres endroits.

Partout il eut à réparer les fautes que la
négligence ou une valeur aveugle firent com-
mettre, partout il ramena la victoire sous ses
drapeaux; on eût dit que, subjuguée par son
ascendant, elle n'osait s'en écarter qu'en son
absence.

Mais bientôt la trahison la plus odieuse et
la plus imprévue paralysa les savantes manœu-
vres par lesquelles il allait encore une fois
étonner le monde. Tout tomba dans la con-
sternation; l'armée, en perdant sa confiance
dans la fidélité de ses chefs, perdit la moitié
de ses forces : la capitale fut occupée; la France
parut anéantie.

Profondément affecté des malheurs qui pe-
saient sur elle, Napoléon fit le sacrifice des
espérances qu'il avait droit de conserver; il
n'ignorait pas qu'en prolongeant la guerre il
pouvait fatiguer, harceler l'ennemi, et qu'il
lui suffisait, pour parvenir à soulever la France
entière, de laisser agir cet ennemi lui-même.
Les horribles vexations qu'il exerçait sur les
pays occupés, eussent bientôt rallié toutes les
opinions autour du seul guerrier qui pouvait
sauver la patrie. Mais son cœur paternel ne

put supporter l'idée des maux que ce parti pouvait entraîner ; il aima mieux s'exiler volontairement : il embrasse ses braves compagnons d'armes, il baise ces aigles toujours victorieuses, il s'éloigne, et la seule vengeance qu'il tire des ingrats qui le trahissent, est de les abandonner à la domination de cette maison de Bourbon, dès long-temps naturalisée chez les ennemis de la France.

Les princes qui sollicitaient en vain des passe-ports auprès des puissances coalisées, parviennent enfin à en obtenir l'autorisation de passer la frontière : personne ne se souvenait d'eux.

Un faible parti se forme à Paris : quelques chouans, quelques ambitieux, des femmes intrigantes font entendre le cri de *vive le roi;* les émissaires des Bourbons le répètent, et la foule des hommes irréfléchis se persuade qu'un descendant d'Henri IV ne peut avoir dégénéré. Des gens raisonnables se laissèrent même entraîner par le torrent. On s'imagina que la paix après laquelle on soupirait était attachée au retour des Bourbons ; on crut voir dans ce retour la guérison de tous les maux ; on ne se demanda pas même si le prince qu'on appelait était capable de tenir le sceptre ; la France

avait tant de ressources , qu'on crut qu'il suffisait d'un nom pour la gouverner.

Telle était l'opinion de la foule , qui ne voit
que le côté des objets qu'on lui montre ; mais
il est permis de penser que les alliés trouvèrent
dans la nullité des princes de la maison de
Bourbon un puissant motif de les placer sur
le trône : il est au moins certain que les ennemis de la gloire nationale ne pouvaient pas
faire un meilleur choix pour parvenir à l'obs-
curcir et à la faire oublier.

La position des Bourbons était telle , qu'ils
ne pouvaient voir que des actes d'une impie
rébellion dans ces grandes actions qui feront
l'admiration des siècles , dans ces victoires
nationales, dans ces triomphes éclatans obtenus par la raison sur les préjugés ; en un mot,
dans tous les heureux résultats d'une révolution qui nous a coûté si cher.

L'homme qui avait fait le plus de sacrifices
à l'état, qui avait servi sa patrie avec le plus
de zèle, se trouvait par cela même avoir le plus
nui à la cause des Bourbons. Comment ceux-ci
auraient-ils pu rendre justice à son mérite ? Je
le demande ; le roi pouvait-il de la même main
qui signait le brevet de la croix de Saint-Louis
pour un émigré ou un chouan, donner une

récompense militaire au brave qui la réclamait pour des triomphes obtenus sur ces mêmes émigrés, ces mêmes chouans, ces mêmes princes enfin devenus les ennemis de la patrie? Cela n'était pas possible.

Cependant le conseil du roi comprit bien qu'il n'était pas prudent de faire connaître d'abord les principes de réaction d'après lesquels on comptait gouverner la France. On afficha, au contraire, l'oubli du passé ; personne ne devait être recherché ni inquiété pour ses opinions politiques, tous les fonctionnaires publics conserveraient leurs places, les idées libérales allaient seules gouverner la France, les acquisitions des biens nationaux étaient solennellement maintenues, la liberté de la presse devait garantir les droits de tous les citoyens.

Voilà ce qu'on proclamait: voyons ce qu'on fit. Malgré la promesse de respecter les opinions politiques, une sourde inquisition et une persécution très-active, quoique secrète, furent bientôt organisées; une inquiète curiosité fouilla dans les annales de la révolution, et mit en évidence ceux qui s'étaient fait remarquer plus de vingt ans auparavant par des discours ou des opinions contraires aux intérêts de la famille royale ; des écrivains déhontés furent lâchés contre eux, et l'Europe entière retentit de leurs aboiemens.

Les honnêtes gens s'étonnaient de ce scandale, d'autant plus odieux, que les journaux étant tous sous l'influence de la censure ministérielle, les éloges qu'on prodiguait à ces libellistes semblaient les désigner comme les organes du gouvernement.

Bientôt on ne s'en tint plus à des déclamations. Les fonctionnaires publics, qui, selon la parole royale, devaient conserver leurs emplois, quelles qu'eussent été leurs opinions politiques, furent contrôlés par les Blacas, les Dambray, etc.; et ceux qui n'avaient pas toujours suivi *la ligne droite*, furent invités à demander leur démission. « Le roi, disait à cette » occasion M. de Chateaubriant, a promis de » pardonner, mais non pas d'oublier le crime » des régicides : veut-on qu'il s'en entoure, qu'il » les fasse asseoir à sa table, qu'il les presse sur » son cœur, etc.?» Peut-être, plus sage ou mieux conseillé, le roi devait-il, en se refusant à toute recherche du passé, faire ce que M. de Chateaubriant trouve si extraordinaire.

Que fit-on au contraire? que fit cette noblesse rentrée avec le roi, accourue de tous les points de l'Europe, et fondant sur la France comme des corbeaux affamés sur un cadavre ? Quelles sont les idées libérales par lesquelles elle signala son retour ?

Le gouvernement en avait imposé aux gens simples et crédules par un simulacre de charte constitutionnelle; mais dans cette charte même ou dans cette ordonnance de réformation (car ce fut le nom moins pompeux et plus juste qu'on lui donna ensuite), les gens qui réfléchissent ne tardèrent pas à découvrir les principes qui devaient l'anéantir un jour, et toute la France put bientôt l'apprécier à sa véritable valeur, en la voyant ouvertement violée presque aussitôt que promulguée. La liberté de la presse, solennellement garantie par l'article 8, disparut au moyen des explications jésuitiques des ministres; il n'était pas facile, en effet, de concilier le droit qu'on accordait à tous les citoyens de publier et de faire imprimer leurs opinions avec le retour aux vieilles idées, aux vieux préjugés dont la raison avait dès long-temps fait justice.

On fut donc réduit à gémir tout bas de voir disparaître ce qui avait coûté tant de sang et de larmes, ce qu'on n'avait pu conserver que par les plus grands sacrifices, la liberté de la nation et l'égalité des citoyens.

Déjà il n'existait plus de patrie pour les Français; ils étaient devenus la propriété, le domaine d'une caste privilégiée, accoutumée à traiter le peuple comme un vil troupeau né pour servir et obéir à ses moindres caprices; et tandis que ces émigrés voulaient nous ramener aux institutions et au langage barbare de la féodalité, inconnus à la génération actuelle, ils affectaient une risible ignorance de nos lois et de nos usages (1).

Ils ne reconnaissaient d'autre autorité que celle du roi; ce fantôme de charte constitutionnelle excitait leur indignation. « La vo- » lonté, la volonté du roi, disaient-ils, voilà » la seule loi; le roi est notre maître, il peut » disposer de nous à son gré; tout ce qu'il » veut est juste, il n'y a d'injuste que ce qu'il » ne veut pas. Il était ridicule et dangereux » d'accorder à la nation quelques droits séparés » de ceux du prince: ridicule, puisqu'elle était

____

(1) Une *haute et puissante dame*, devant laquelle on prononça le nom du département des Vosges, se vantait, avec une arrogance dédaigneuse, d'ignorer ce que c'était qu'un département.

» son patrimoine, sa propriété; dangereux,
» parce que ces droits pouvaient conduire à
» penser que les rois étaient établis pour les
» nations, et non pas les nations pour les
» rois ».

L'absurde prétention d'avoir régné dix-neuf ans sur les Français, indiquait assez que le roi entrait dans leurs vues. La conséquence naturelle qu'en tirait la caste privilégiée, et qu'on ne pouvait lui contester, c'est que tout ce qui avait été fait pendant ces dix-neuf ans était illégal, parce que, durant tout ce temps, la France entière avait été en état de rébellion contre son légitime souverain. Les émigrés, les chouans, cette petite troupe de fugitifs, étaient, par une conséquence non moins juste, les seuls qui eussent bien mérité de la patrie, parce qu'ils étaient les seuls qui eussent suivi ce qu'ils appelaient *la ligne droite*.

Aussi se persuadaient-ils aisément que l'état résidait tout en eux; que les distinctions, les honneurs, les pensions, les places, n'appartenaient qu'à eux seuls : et comment auraient-ils pu en douter, en voyant les ministres accueillir leurs folles prétentions? C'était en vain qu'un candidat fondait ses espérances sur ses talens, son zèle, son dévouement au bien public;

d'éclatans services rendus à l'état ne suffisaient point s'il n'était qu'*un homme nouveau*. De vieux militaires, couverts d'honorables blessures, dignes soutiens de la gloire nationale, étaient renvoyés dans leurs foyers sans récompense, et de jeunes gens qui n'avaient jamais fait ni vu d'autres campagnes que celle de M. le duc de Berry, obtenaient les premiers grades dans les compagnies de la maison du roi.

Le mépris pour nos plus nobles institutions fut porté à son comble quand on osa se permettre de chasser de ces asiles, où la munificence impériale pourvoyait à tous leurs besoins, ces vénérables invalides, qui tant de fois avaient versé leur sang pour la patrie.

Que devenait cependant la gloire nationale, cette gloire acquise au prix du sang le plus pur, par mille combats livrés sur tous les points de l'Europe? Son image pâlissait de plus en plus. Au dedans, les royalistes, qu'elle importunait, en faisaient sourdement disparaître les trophées; au dehors, elle n'inquiétait plus personne; et la légèreté avec laquelle la France était traitée au Congrès, indiquait suffisamment combien on croyait la nation dégénérée sous le sceptre des Bourbons.

N'était-ce pas d'ailleurs aux ennemis coalisés

contre la nation française que les Bourbons devaient leur trône? Que pouvaient-ils leur refuser? Trop heureux de leur complaire à quelque prix que ce fût, on n'hésitait pas à sacrifier nos intérêts les plus chers si ces étrangers l'exigeaient. Ainsi la naturalisation fut rendue plus difficile pour les Belges que pour nos plus grands ennemis, parce que l'Angleterre avait besoin de les détacher entièrement de nous. Nos manufactures, exploitées par des millions d'ouvriers français, avaient porté l'industrie nationale au point de rivaliser avec les manufactures anglaises, et d'approvisionner nos voisins; l'indiscrète facilité avec laquelle on reçut les produits de l'étranger porta le découragement dans tous nos ateliers. Nos forges, nos usines, étaient devenues une partie considérable de la richesse nationale; l'entrée des fers de Suède rendit impossible la concurrence des fers exploités en France, et par contre-coup fit considérablement baisser le prix des fonds de terre. La vente des bois du domaine, en montrant combien les principes conservateurs étaient inconnus au gouvernement, acheva de jeter dans l'embarras les propriétaires de bois.

Cependant la *restauration* s'organisait: on expulsait insensiblement des places ces hommes qui n'avaient pour eux que des services rendus à l'état. ·

La liberté de la presse, solennellement garantie par la charte, fut anéantie par l'établissement de la censure et des censeurs.

Une lutte inégale s'établit entre les acquéreurs de biens nationaux et les émigrés ou leurs descendans : les journaux commencèrent par citer avec affectation des exemples de restitutions; et ces journaux, qui étaient dans la main du gouvernement, indiquaient suffisamment le parti qu'il favorisait. Vainement les acquéreurs invoquaient la parole du roi : que pouvaient leurs réclamations contre les sourdes menées de leurs adversaires ?

Les émigrés ne s'en tinrent pas long-temps à de simples insinuations; des voies de fait furent commises dans les départemens de l'Ouest. c'est là qu'on organisait *la légion royale* qui, suivant les proclamations distribuées au nom de *Monsieur*, devait amener *le retour absolu et général à l'ancien régime.*

Le clergé, de son côté, ne s'oubliait pas; il avait un trop grand intérêt à faire rétrograder les esprits vers cet ancien ordre de choses; aussi ne restait-il pas dans l'inaction : déjà on s'occu-

pait du rétablissement des dîmes, des couvens,
des jésuites, etc.; le Val-de-Grâce dut être éva-
cué par les militaires blessés, pour faire place
à la sainte oisiveté de je ne sais quelles sœurs;
des circulaires appelaient les secours des fidèles
pour le grand œuvre de la restauration, et
annonçaient le nombre d'élèves réunis pour
le rétablissement des différens ordres religieux;
des souscriptions étaient ouvertes pour envoyer
des missionnaires prêcher la saine doctrine
dans les départemens.

L'hydre abattue relevait ses nombreuses têtes;
la persécution commença contre les prélats
nommés par l'Empereur; on ameuta contre
eux le bas clergé; bientôt on alla plus loin, et
M. le curé de Saint-Roch nous donna, aux fu-
nérailles de Mlle Raucourt, une répétition du
scandale qui indigna tous les gens raisonnables à la mort du prince de la comédie française.

Voilà ce qui se passait à Paris. La supersti-
tion, moins gênée par l'opinion publique
dans les provinces, ne s'y livrait pas à de moindres excès; partout *l'ancien régime* était le mot
de ralliement des prêtres et des émigrés.

Malheureuse France! pour achever de te dé-
grader à tes yeux et à ceux de l'étranger, il ne

manquait plus que la vénalité des charges. On assure qu'on fit mieux, qu'on vendit les décorations nationales ; d'abord on avait cherché à les avilir en les prodiguant : il paraît qu'ensuite on trouva plus avantageux d'y mettre un prix.

Qu'on en agît ainsi pour la croix de Saint-Louis, on ne pouvait guère en être surpris ; cet ordre se rattachait à une époque où tous les emplois civils et militaires s'achetaient ; mais la Légion-d'Honneur ! cette récompense nationale des services rendus à la patrie, permettre qu'on l'avilît à ce point, c'était méconnaître l'esprit public des Français. Que dis-je ? ah ! il était trop bien connu, et on agissait ainsi, parce qu'on savait que les Français, capables de tout pour l'honneur, méprisent une distinction qui peut s'acheter.

Mais que pouvaient penser ces braves qui l'avaient acquise sur les champs de bataille au prix d'honorables blessures ? Ils gémissaient, ils ne pouvaient pas toujours retenir les cris de leur indignation ; mais tous leurs vœux, tous leurs regrets, toutes leurs pensées se tournaient vers le Héros qui, en les guidant mille fois à la victoire, savait relever l'éclat de ces nobles décorations, digne prix des exploits qu'elles récompensaient.

Ce n'était pas assez; on ne tarda pas à ôter à la Légion-d'Honneur ses plus chers priviléges; le nombre des enfans de ses membres, qui étaient élevés aux frais de l'état, fut réduit; on supprima pour l'avenir la faible pension destinée à soulager les infirmités des défenseurs de la patrie; on leur ôta le droit d'assister aux colléges électoraux. Tout ce qu'une basse envie put imaginer contre eux, fut employé pour leur faire perdre la considération que leurs services leur avaient si bien méritée; on voyait clairement que la gloire nationale importunait les chefs de l'état; ils ne prenaient pas même la peine de le dissimuler (1).

Cette conduite impolitique, et les fausses démarches que fit le gouvernement, prouvaient clairement que le sceptre était trop pesant pour ses débiles mains; chaque jour rendit cette vérité plus évidente.

On l'avait déjà soupçonné, en voyant le lieutenant-général du royaume faire des promesses qui ne furent pas accomplies, et les ministres rendre des ordonnances qui étaient

---

(1) Un décret de l'Empereur, en rendant à la Légion-d'Honneur tous ses priviléges, soumet à une exacte révision les nominations faites depuis une année.

presque aussitôt révoquées. L'incapacité perçait de tous les côtés, les mesures incertaines et flottantes, indices toujours certains de la faiblesse des gouvernemens, achevaient d'ôter toute confiance en celui des Bourbons. Leur règne n'avait pas dix mois, et déjà il était décrépit.

La faiblesse de M. le comte d'Artois, mal déguisée sous un air de popularité, la dévotion de madame la duchesse d'Angoulême, protectrice exclusive des prêtres, les imprudences répétées de M. le duc de Berry, n'étaient pas propres à rassurer les esprits qui cherchaient à lire dans l'avenir le sort réservé à la France. L'empire des prêtres et le retour aux principes de la féodalité, voilà l'héritage que nous devions laisser à nos enfans.

Le découragement s'emparait de tous les Français; blessés par le triomphe insolent des ennemis de la liberté, ils tombaient dans un sombre désespoir.

Contraints de renfermer leurs regrets au fond du cœur, et d'étouffer leurs gémissemens, leurs vœux ardens franchissaient les Alpes et les mers. Ils n'espéraient plus revoir ce Héros qui avait porté si loin la gloire du nom français; ce Héros dont le nom se rattachait à

tant d'illustres souvenirs; la comparaison in-
volontaire qu'on faisait de son règne glorieux
avec la domination d'un prince amené par
l'étranger, rendait sa mémoire encore plus
chère.

Il était impossible de faire un pas sans trou-
ver des traces de son glorieux empire; ces
routes, ces canaux, ces monumens innombra-
bles dont il couvrit la France, aux époques
même où tous les revenus de l'état semblaient
devoir être absorbés par la guerre; les embel-
lissemens sans nombre qu'il fit dans la capitale, ceux qui étaient commencés, ceux qui
n'étaient que projetés, tout se réunissait pour
nous montrer le grand Prince gouvernant la
grande Nation (1).

Mais ce Prince, ce Héros, objet de nos regrets, songeait-il encore aux ingrats qui
l'avaient méconnu? Entendait-il les accens
plaintifs de la Patrie, qui redemandait son

---

(1) Les Bourbons ne daignèrent pas même feindre
de continuer les grands ouvrages commencés; pressés
de dévorer ce règne d'un moment, ils sentaient bien
qu'en continuant des travaux entrepris pour le bien
public, ce n'était pas pour eux qu'ils travaillaient : la
vente des bois du domaine les occupait davantage. On

père ? Voudrait-il exposer de nouveau sa vie aux caprices d'un élément perfide, et au travers de mille dangers venir encore une fois sauver la France ? Le philosophe ferait-il le sacrifice de son repos à notre bonheur ? daignerait-il quitter la retraite paisible et glorieuse d'où il pouvait contempler avec orgueil l'immense carrière qu'il avait fournie, pour venir consumer le reste de ses jours dans les travaux, les fatigues, les veilles, les soucis, cortége inséparable de la couronne pour qui veut dignement la porter ?

Ah ! sans doute, il fut permis d'en douter. Tant de magnanimité semblait au-dessus de l'homme. Mais celui qui avait déjà tant fait pour la France, celui qui, non content d'avoir terrassé le monstre de l'anarchie, et réuni les liens épars de l'ordre social que les fureurs révolutionnaires avaient relâchés, nous avait donné des lois tellement sages, qu'une dynas-

---

ne s'attend pas non plus que, sous leur règne, les sciences, les beaux-arts et les lettres aient eu une grande faveur : c'était bien de cela qu'il s'agissait ! Le rétablissement des moines était d'un tout autre intérêt ; et si l'on s'occupa des arts et des lettres, ce ne fut que pour vexer les artistes les plus distingués dont le royalisme ne semblait pas assez pur.

tie ennemie et jalouse n'avait pas même osé y toucher ; celui qui avait élevé le peuple français au plus haut degré de splendeur, et porté la terreur de son nom jusque chez les nations les plus reculées, pouvait-il voir sans douleur l'avilissement profond dans lequel nous étions tombés?

Au récit de nos malheurs, son cœur paternel est déchiré ; sa grande âme est émue en entendant le cri du peuple et de l'armée qui appellent leur libérateur ; il est indigné en voyant les étrangers nous ranger au troisième rang des nations de l'Europe ; il ne peut résister aux gémissemens de la patrie expirante : il cède à nos vœux. Brillantes destinées de la France , vous l'emportez donc encore une fois !

Un frêle esquif porte Napoléon et sa fortune ; le vent d'abord favorable semble hésiter un moment ; bientôt il obéit à l'ascendant du Héros. Mille dangers l'entouraient ; ces dangers s'éloignent, les obstacles s'aplanissent, les barrières s'abaissent devant lui , et le troisième jour la France salue son libérateur.

Sa marche est moins une conquête qu'un triomphe continuel ; les peuples accourent en foule sur son passage ; les troupes qu'on prétend lui opposer rivalisent d'empressement à se ranger sous ses aigles victorieuses : vingt jours lui suffisent pour arriver à Paris, et voir l'Empire entier se ranger sous ses lois. Les Bourbons fuient devant lui ; et en descendant du trône, Louis XVIII, *Louis-le-Désiré*, donne à tous les souverains cette leçon importante et sévère, qu'il faut compter le peuple pour quelque chose, et qu'on ne se passe pas impunément de son amour.

C'est cet amour du peuple, c'est le souvenir de ses bienfaits, et de tout ce qu'il fit de grand et de beau, qui replace Napoléon sur le trône auquel il fut appelé par le vœu libre de la nation ; car on ne prétendra pas sans doute qu'avec la faible escorte qui l'accompagnait, il eût pu entreprendre et achever en vingt jours la conquête de la France.

Le prodige dont nous venons d'être les témoins ne peut s'expliquer que par l'enthousiasme que son nom produit chez tous les Français. Il se fût présenté seul, qu'il eût aussi bien réussi dans sa noble entreprise. N'en a-t-il pas fait l'épreuve près de Mure, quand, se présentant seul aux soldats du cinquième de ligne, il leur dit *que le premier soldat qui voudrait tuer son Empereur le pouvait*, et que le cri unanime de *vive l'Empereur !* fut leur réponse ?

Grand Prince ! tu commenças dès-lors à recevoir le digne prix de ton amour pour les Français, de tes travaux et des sacrifices que tu faisais à la Patrie. Tu pus douter autrefois si les hommages qu'on te rendait s'adressaient à toi ou seulement au souverain ; l'éclat de la puissance qui t'environnait pouvait en imposer à ceux mêmes qui croyaient être sincères : aujourd'hui tu as eu la certitude d'être aimé pour toi-même. La révolution opérée par ta seule présence, sans effusion de sang, sans violence, sans le moindre désordre, les cris d'allégresse qui ont retenti d'un bout de la France à l'autre à la nouvelle de l'arrivée de son Libérateur, du Prince de son choix ; voilà les preuves invincibles de cet amour dont la Patrie reconnaissante paye ton amour et tes bienfaits.

La postérité aura peine à croire les événemens dont nous sommes les témoins ; vainement elle cherchera dans les siècles passés quelque objet de comparaison. Pour conserver une réputation immortelle, il a suffi aux Alexandre, aux César, aux Marc-Aurèle, aux Antonins, etc. d'un seul des traits qui composent le faisceau de sa gloire ; il n'appartenait qu'à lui de réunir sur sa personne tout ce qui a fait l'admiration des hommes de tous les temps.

Henri IV, dont le nom vient d'être si ridiculement profané par ses descendans dégénérés ; Henri IV seul a plusieurs traits de ressemblance avec le Héros du dix-neuvième siècle. Mais on ne peut pas plus comparer la France gouvernée par Henri IV, à la France illustrée par l'empire de Napoléon, qu'on ne peut comparer une peuplade à une grande nation : force militaire, finances, commerce, beaux-arts, rien ne peut entrer en parallèle. L'Empire du monde sous Henri IV eût paru un rêve extravagant ; et à quoi a-t-il tenu que Napoléon ne réalisât sous nos yeux cette grande pensée ?

Comme lui, Henri IV aima les Français ; comme lui, il voulut les rendre heureux, et se montra jaloux de conserver à l'honneur national toute sa dignité. Mais il ne faut pas pousser la comparaison plus loin. Tous deux eurent à dissiper les factions qui déchiraient la France ; mais le règne entier d'Henri IV y suffit à peine, et pour entrer dans sa capitale, il fut contraint d'implorer le secours de l'étranger : le sang français coula ; la guerre civile dura long-temps , et les profondes blessures qu'elle fit à la Patrie étaient à peine fermées quand ce grand Prince fut enlevé à l'amour des Français par le fanatisme d'un prêtre.

Un seul jour, le 18 brumaire , a suffi à Napoléon pour renverser le monstre de l'anarchie. Si jamais on dut craindre la guerre civile, c'est aux deux époques des 18 brumaire et mars 1815. Au 18 brumaire, tous les liens sociaux, relâchés par les excès de la révolution , livraient l'Etat à d'intrigans concussionnaires qui n'étaient pas disposés à lâcher leur proie sans la défendre : la profonde sagesse d'un seul homme sut découvrir et étouffer les germes des divisions intestines.

Mais c'est aujourd'hui surtout que, grâces à son génie, nous pouvons nous féliciter d'avoir échappé aux fureurs des guerres intestines. Que n'a-t-on pas fait pour préparer, pour allumer la guerre civile dont on nous menaçait avec une hypocrite compassion ? La guerre au-dedans, criait-on; la guerre au-dehors, tout allait être à feu et à sang ! Les armées étrangères avaient déjà passé les frontières; on n'oubliait rien pour soulever la nation ; les libelles

incendiaires, les proclamations remplies de ro-
domontades, l'argent répandu à pleines mains,
rien n'a réussi, parce qu'on ne fait rien sans
l'amour du peuple.

Napoléon se présente seul, sans autre force
que neuf cents hommes, que le plus souvent
il laissait loin derrière lui; il n'a garde d'ap-
peler des troupes étrangères; il sait qu'il a dans
l'amour des Français une escorte plus redou-
table que mille bataillons; le trône des Bourbons s'écroule par la seule force de l'opinion,
et sans qu'il en coûte une goutte de sang. Napoléon, porté par le vœu du peuple et de l'armée, remonte sur celui que les Français lui
ont élevé.

Ne cherchons donc point dans l'histoire un
grand homme à lui comparer, il a effacé ce
que les temps héroïques et fabuleux nous of-
fraient de plus extraordinaire; et quand nous
pourrions, en admettant un moment l'impossible, découvrir un objet de comparaison,
celle qui serait juste aujourd'hui ne le serait
plus demain, puisque chaque jour nous révèle
quelque nouveau sujet d'admiration et d'amour.

Est-il dans l'histoire un trait plus touchant
que celui de Mure; et quand des insultes gros-
sières étaient prodiguées contre lui par un gou-

vernement dont tous les efforts tendaient à embraser la France par la guerre civile, et à échauffer le fanatisme des assassins ? Comment s'est-il vengé de tant d'outrages ? En conservant le ton le plus réservé et le plus décent dans tous les actes où il a été question de la maison de Bourbon, en accordant la décoration de la Légion-d'Honneur au garde national qui a accompagné M. le comte d'Artois dans sa fuite de Lyon. Comment pourrait-on ne pas voir, dans de semblables traits, la faiblesse et la pusillanimité aux prises avec la noblesse, la grandeur et la force ?

Si c'était une grande pensée que l'empire du monde, c'est une pensée plus grande encore de savoir oublier qu'on a été le maître des nations. Ainsi, dans sa retraite, les méditations du Héros n'ont pas cessé d'avoir pour objet le bien de la France; et, après l'avoir élevée au plus haut degré de splendeur par ses exploits, il était digne de lui de renoncer à l'empire universel dès qu'il pouvait compromettre le repos et le bonheur de la nation.

Heureux le peuple gouverné par un tel homme ! Que n'a-t-on pas droit d'espérer d'un Prince qui revient sous de tels auspices ? Deja l'activité renaît de toutes parts ; les Français, électrisés par cette révolution inespérée, sortent de leur assoupissement. Les travaux publics sont repris avec ardeur; nous verrons donc achever ces monumens dignes de la grande nation, ces canaux destinés à faciliter les communications entre toutes les parties de l'Empire, et à y porter l'abondance et les produits des arts. Les routes négligées depuis un an vont être réparées, les manufactures et le commerce ont toujours été l'objet particulier des soins de son gouvernement paternel. Déjà l'instruction publique est débarrassée des entraves dont on l'avait chargée, et l'Université, rendue à son ancien éclat, reprend la noble tâche de fournir des citoyens à l'État. Les sciences et les beaux-arts, encouragés par un Prince qui les aime, se consoleront de l'oubli dans lequel ils étaient tombés sous une domination étrangère à tous nos titres de gloire (1).

L'armée, fière d'avoir sauvé la patrie de l'avilissement et de l'esclavage, donnera toujours l'exemple de la discipline la plus sévère. Il est

____

(1) L'année 1814 sera remarquable par le petit nombre d'ouvrages qu'elle a produits, autres que ceux de circonstances.

si facile d'obéir quand c'est un père chéri qui commande !

Ainsi désormais, affranchie au - dedans de toute influence étrangère, la Nation française se présentera à l'Europe avec l'attitude convenable au rang qu'elle y doit tenir ; et sous le Chef qui la gouverne, il n'est pas à craindre qu'aucun de ses voisins lui refuse le tribut d'estime qui est dû à une grande Nation. Que si quelque prince , oubliant les noms fameux de Marengo, d'Austerlitz, d'Jéna, de Vagram , etc. , etc. , et s'aveuglant sur la vraie situation de la France, osait follement concevoir l'espérance de venir nous imposer un gouvernement étranger, bientôt il verrait la nation entière, se ralliant autour du chef de son choix, suivre le vol rapide de ses aigles triomphantes ; et la chute du téméraire qui voulait nous apporter la guerre et l'esclavage, apprendrait encore une fois à l'Europe, qu'un peuple est toujours libre quand il veut l'être, et qu'il est toujours assez fort pour repousser un injuste oppresseur.

Nous n'aurons jamais d'autre chef que celui qui prend pour devise : Tout a la Nation et tout pour la France. C'est de nous, c'est de la Nation qu'il veut tenir ses droits au trône ;

nous répondrons à tant de grandeur d'âme,
et nous saurons soutenir ces droits quand
l'Europe entière oserait conjurer contre eux.

Mais tout porte à croire que, mieux instruits
de leurs vrais intérêts, nos voisins craindront
de s'exposer aux suites terribles d'une guerre
injuste, d'une guerre nationale pour tous les
Français, et qu'ils nous laisseront jouir dans
une longue paix des bienfaits du gouvernement de notre choix.

FIN.

DE L'IMPRIMERIE DE CRAPELET,
rue de Vaugirard, n° 9, près l'Odéon.